Seitenstraßen

Ein Stück Weg

The road travelled

Mariella Paratore
© 2009

Bibliografische Information der Deutschen Nationalbibliothek
Die Deutsche Nationalbibliothek verzeichnet diese Publikation in der Deutschen
Nationalbibliografie;
detaillierte bibliografische Daten sind im Internet über http://dnb.d-nb.de abrufbar

Herstellung: Books on Demand GmbH, Norderstedt

ISBN 978387085242

Ich danke mit diesem Gedichteband all jenen, denen ich bisher auf meinem Weg begegnen durfte.

Jeder von ihnen half mir, mich selbst ein bisschen besser kennen zu lernen.

Hände

Halten fest und
nehmen doch so oft gefangen
Streicheln sanft und
schlagen doch so manches mal hart zu
Lassen wundervolles erklingen und
bringen doch so oft zum schweigen
Erwecken Sehnsucht aber
auch Angst

Hände
erzählen über Menschen

Versuche nicht Dein Leben zu ändern,

denn das gelingt Dir nicht.

Fange an, leben zu lernen,

bevor Du an Dir selbst zerbrichst.

Verlange nie etwas von anderen,

denn das bekommst Du nicht.

Lerne das Leben zu nehmen,

wie es ist.

Sei, nicht traurig über schlechte Stunden,

wo geschlachtet wird, gibt,s immer Wunden.

Versuche nicht an die kleinen Dinge zu denken,

lerne Deinen Charakter,

Dein Schicksal lenken.

Wachse durch Deine Fehler,

Du wirst es nicht bereuen - später.

Und glaube mir,

wenn Du Dir dies als Grundlage schaffst,

dann hast Du das meiste geschafft.

Keine Zeit der Welt- für die,

die Du mir gezeigt.

Zeit, in der ich alles andere vergaß.

Du - der meine Gedanken schon las...

Ich - gefangen in mir selbst.

Sehe Dein Gefühl - ja, spüre den Sinn.

Doch ich bin zu müde,

außerhalb meiner Mauer zu gehen

und zu sehen, dass Du da bist. - Verzeih.

Eilzug in die Zukunft

Dicht gedrängt zwischen Gesetz und Moral stehen wir alle
da und schauen uns schon gar nicht mehr an.
Jeder mit seinen Gedanken
schon bei der Haltestelle
um in das nächste Gedränge umzusteigen um niemals an
das wahre Ziel zu gelangen.

Ich bin oft unberechenbar und nicht mehr so brav,
wie ich es einmal war.
Du musst mich manchmal an den Zügeln halten,
unser Glück ein bisschen „verwalten".
Und hast Du noch etwas Geborgenheit
hält meine Treue eine Ewigkeit.

Probleme

Leute von Heute sprechen über ihre Probleme,

ihre Fehler hören über andere Probleme, andere Fehler.

Doch

es ist, als ob sie Durchfall hätten -

sie behalten nichts positives bei sich.

Das Leben und das Wasser

Manchmal ist das Leben wie ein großer Fluss.

Es fließt dahin, 'mal langsam, dann wieder schnell.

Es ist dunkel, dann wieder hell.

Es beginnt als kleiner Bach, reift dann zum Strom heran.

Dieser endet irgendwo - das mit dem Leben, ist ebenso.

Immer wieder gibt es neue Quellen, erst ganz klein - am

Anfang sind sie ungetrübt und rein.

Es ist die Entscheidung jedes einzelnen,

wie sich der Lauf windet,

ob er seinen Pfad findet

oder das Innere erblindet.

K.U.W.D. - Ihre Partei für die Zukunft!

Kleinkariert und wohl dosiert

formgerecht - zum Kotzen schlecht

sind wir

in unserer Wohlstandspartei.

Wichtig, spielerisch, sorgenfrei

der Instinkt - ist einerlei.

Uns ist egal, ob gerecht oder gut.

Wichtig ist, was jedermann tut.

So leben, so sterben, ja dafür stehen wir!

Sie sollten uns wirklich wählen und

sich nicht länger mit dem Thema Wahlen quälen.

Wie?

Wie schaffst Du es, hindurch zu sehen?
Wie machst Du es, durch-zu-stehen?
Weshalb glaubst Du, noch Du selbst zu sein?
Ich meine den ganzen Tag umgeben
von diesem Trug und Schein?

Ein Blatt

Schillernde Farben der Natur wie von zarter Hand
gezeichnete Gravur.
Jetzt noch frisch wehend in Winde
dann gepresst von Menschenhand
getötet und verarbeitet zum Bilde.
Dem Mörder auch noch Bewunderung
entgegengebracht.

Das Fenster

Ich blicke zum Fenster hinaus, an mir zieht die
Vergangenheit vorbei.
Ich blicke zum Fenster hinaus
und ich sehe die Gegenwart.
Ich blicke zum Fenster hinaus
und ich ahne die Zukunft.
Ich blicke zum Fenster hinaus
und bin zufrieden.

Alltag

Ich wische mit einem Lumpen
den Schmutz hinweg
von gestern.
Ich wische in meinem Gesicht
die Spuren weg
von heute.
Ich radiere auf dem Blatt
die Worte aus
von gerade eben.
Morgen
werde ich das gleiche wieder tun.

Es ist nicht die Dauerhaftigkeit einer Sache die wichtig ist
und wundervoll erscheint sondern ihr Geschmack und der
Inhalt.

Hey Du

hör, mir zu

und gib, nicht auf

Hey Du

hör, mir zu

steh, endlich auf

Hey Du

hör, mir zu

bestimme Deines Schicksal Lauf

Hey Du

hör, mir zu

lebe endlich.

Freiheit

Jeder spricht von ihr und versucht sie auf seine Weise zu
erreichen.
Wann endlich begreift Ihr
dass jeder
seine Freiheit in sich trägt?

Die Rolle

Wir pressen uns oft selbst
in eine Rolle
wie in ein neues Kleidungsstück
das uns nicht passt und nicht steht.
Wir merken nicht
wie lächerlich wir darin aussehen.

Die Sprache sollte ein Mittel der Verständigung im Sinne des Friedens sein. Ich stelle jedoch immer wieder fest sie dient der Strategie des Krieges.

Das Hotelzimmer

Ein Raum.

Ein Bett.

Ein Schrank.

Ein Tisch.

Ein Stuhl.

Ein Telefon.

Unpersönlich.

Ich fühle mich wohl.

Momente, in denen ich

die Last der Verantwortung nicht fühle.

Beton

Sie stehen vor mir
wie Monster.
Unüberwindbare Mauern
überdimensional.
Zum Wahnsinn führend.
furchterregend.
Betonklötze.
Ich bin eingeklemmt
zwischen ihnen.
Zwischen Lärm und dem Schmutz dieser Stadt.
Hab, Angst
eins mit ihnen zu werden.
Zu Beton.
Stark
undurchdringlich
kalt
zu Stein.

Ich

Ich brauche

Ich brauche Dich.

Das war es

Beherrscht

von einem Gefühl

Geleitet

von einer Hoffnung

Gestoppt

durch die Erfahrung

Gelebt

von Dir.

Visionen

Visionen aus der Zukunftswelt
ergießen sich über uns alle.
Viel Gutes und schlechtes bringen sie daher. Erzeugnisse
aus der Wissenschaft entpuppen sich für Menschen als
tödliche Falle.
Da zum Leben noch „ja" zu sagen
fällt manchem schwer.
Vielen erscheint die Zukunft nur noch negativ.
Kaum einer sieht ein positives Licht.
Leben daher im „Heute" intensiv verschließen die Augen vor
dem „Morgen"
aus Angst ihre „ach so schöne Welt" zerbricht.

Ein - Stellung
Fort - Schritt
Stellungsschritt?

Du mich auch !

Ach, hau, doch ab!

Ach, geh, doch weg!

Du sagst, Du liebst mich!

Und willst nur mit mir ins Bett!

Ach, hau, doch ab!

Ach, geh, doch weg!

Sagst, Du wirst mit Dir selbst nicht fertig!

Sagst, Du findest mich nett!

Ach, hau, doch ab!

Ach, geh, doch weg!

spitze **pfeile** stechen tief

ins herz

reißen dort

neue wunden.

Sado und Maso – ihre erste Begegnung

Nun mach, schon!

Oh, bitte tu, mir weh,

so dass ich meine Wunden lecken kann

Oh bitte, tu, mir nicht so gut

sonst packt mich noch die Wut

Ja, bitte quäle mich

und zerreiße unser Band

Nun lass, mich doch allein

sonst trügt der Schein

dass ich leide!

Heute **brauchst** Du neue Schuhe

Morgen neue Hosen?

Übermorgen

ein neues ICH?

Gedanken an eine Verkäuferin

Tag aus - Tag ein
laufen
die Menschen an Dir vorbei,
ohne
zu merken, dass
Du
eine von ihnen bist
und keine Ware im Regal.

Wandlung

Wandle Dich - meine gefangene Seele, und werde freier.
Wandle Dich - mein enges Herz
und werde weiter.
Wandle Dich -
und kehre in Dein Leben zurück.

Ein Stück Klarheit – I

Wellen der Erkenntnis schwappen über mich hinweg.

Blicke des Verstehens erleuchten meinen Weg.

Tränen des Verständnisses bedecken mein Herz.

Und alles bringt mich ein Stück näher zu Dir.

Der lange Weg

Ich weiß nicht mehr wo er anfing

ich weiß nicht wohin er führt.

Aber ich weiß

dass

ich die Erlebnisse

auf meinem Wege

BE-ACHTEN werde.

Sta(d)tt leben

Immer näher rücken wir zusammen
Immer schmäler werden die Abstände
Zwischen unseren Wohnungstüren
Immer dünner werden die Wände
Zwischen unseren Appartements
Immer mehr entfernen wir uns
innerlich
voneinander

Wir stutzen bei unseren Kindern
alle „Unförmigkeiten"
schneiden unserem Baum im Garten die Äste weg
die uns stören könnten.
Später wundern wir uns dann,
warum
die Kinder so rebellisch sind
und der Baum im Garten tot ist.

Wir haben es doch nur gut gemeint!

An einen Freund

Du halfst mir, als

ich unten stand

und keinen Weg mehr sah.

Du warst bei mir, als

ich oben stand

und ich nicht mehr ich selbst war.

Du hast Dich nicht von mir abgewandt, als ich meinen

Ruhm und Glanz verlor.

Ich danke Dir dafür.

Meine erste Liebe

Du warst für mich, wie
ein tiefer See,
ein scheues Reh.
Du trugst in Dir
ein farbenfrohes Reich
Du warst mir zu weich!
Dann hab, ich die Härte des Lebens kennengelernt.

Aus Angst

Als Du jung warst,
verstecktest Du
all Deine wahren Gefühle.
Aus Angst,
Du könntest zuviel
zum falschen Zeitpunkt geben.
Nun bist Du alt
und spürst plötzlich
dass Du nie richtig gelebt hast.

Nicht erreichte Ziele

wie glücklich bin ich
fast nichts von dem erreicht zu haben
was ich mir erträume
denn
was sollte ich denn tun

hätte ich keine Ziele mehr?

Zu oft geben wir

Ratschläge und Weisheiten von uns
deren Sinn wir jedoch
erst sehr viel später
an uns selbst erfahren.

Achterbahn Leben

Hinauf

schleppend

mit letzter Kraft

in schwindelnde Höhen.

Hinab

stürzend

mit Entsetzen

mancher Erkenntnis.

Um unten

kurz auszuruhen

damit

die Fahrt ihren Lauf nehmen kann.

Zwischen Gestern und Morgen

Wo sind sie hin
die Helden
von Gestern?
Wo sind sie hin
die Ideale
von Gestern?
Wo sind sie hin
die schönen Zeiten
von Gestern?
Ich werde warten
vielleicht kommen sie
Morgen wieder?

Schreib, schreib,mein Stift,
schreib,
die stillen Schreie
von mir nieder.
Vielleicht
hört sie jemand.

Liebesgedicht an eine Frau

Sie sagen, Du seiest hässlich.

Doch

Ich sehe

Dein Haar

So glänzend, wie ein Sonnenstrahl.

Deine Augen

So glitzernd, wie zwei Sterne.

Deinen Mund

So frisch, wie eine nasse Kirsche.

Denn

Ich sehe Dich mit den Augen der

Liebe.

Die Bardame

Sie saß da und weinte um die Kindheit, die sie nie hatte.

Sie saß da und

trank ihren Sherry.

Sie saß da und

weinte um die Liebe, die sie irgendwann mal kannte.

Sie saß da und

trank ihren Whiskey.

Sie saß da und

weinte um die Kinder, die sie nie bekam.

Sie saß da und

trank ihre Tränen.

Dann ging sie mit

einem Freier, der zuviel getrunken hatte.

Ich höre gerne geduldsam zu

wenn Du mir erzählst

denn ich spüre

dann begreifst Du Dich selbst.

WARUM

Warum ziehst Du Deine Wimpern nach
an denen gerade noch Tränen waren?
Warum trägst Du Dein Make-up da auf
wo vorher noch Deine Trauer zu sehen war?
Warum schminkst Du Dich mit der Maske der Fröhlichkeit
obwohl Du doch weinen könntest?
Warum belügst Du Dich dann am meisten
wo Ehrlichkeit angebracht wäre?

Lernen

Ich lerne mich zu fühlen
durch Deine Hände.
Ich lerne mich zu sehen
durch Deine Augen.
Ich lerne mich zu verstehen
durch Dein Herz.
Ich möchte
durch mich, Dir helfen
Dich kennen zu lernen.

Die W Fragen für den Mann

Wie, ein Bart wo vorher Deine glatte Haut war?

Weshalb Deine Arroganz wo Du doch verletzlich bist?

Warum schlägst Du da mit Worten eiskalt zu wo Du Liebe empfindest?

Und wieso verkriechst Du Dich da hinter dem Wort Mann wo Du keiner bist?

Schatten

Manche haben Angst vor ihnen
und versuchen zu fliehen.
Andere machen sich nichts daraus
und springen über sie.
Ich lebe mit ihnen
denn sie begleiten mich, wie die Sonnenseite.

Hoch und Tief

Die Berge erklommen
Die Täler durchschritten
Die Straßen gegangen
die mir weh getan! –
Nun werde ich
Die Berge erklimmen
Die Täler durchschreiten
Die Straßen gehen
die mich glücklich machen

Frieden geben
Frieden haben
Die Aufgabe unser Aller
Doch
Wir geben Krieg
Haben Krieg.

Im Spiegel

Ich blickte in den Spiegel
und sah eine Frau
mit dunklen Augen.
Ich blickte in den Spiegel
und sah eine Frau
mit dunklem Haar.
Ich blickte in den Spiegel
und war glücklich
mich wiederzusehen.

Wie

Ich wollte wie sie sein.
Sie wollte wie ich sein.
Ich wurde sie.
Sie wurde ich.
Nun
will sie wie ich sein

Du sagst

Du wünschst mir Glück, dabei spricht der Neid aus Deinen
Augen.
Du sagst,
Du denkst an mich,
dabei hast Du mich schon vergessen.
Du sagst,
Du findest mich schön,
dabei verschluckst Du Dich.
Lass' Deine leeren Worte!
Ich werde auch ohne sie und Dich
mein Leben sinnvoll auskosten.

Marionetten

Wenn man an ihnen zieht

bewegen sie sich

beschimpft man sie

bleiben sie stumm

führt man sie in den Krieg

glauben sie, das muss so sein

zertritt man sie

halten sie still

die kleinen

Marionetten

aus Fleisch und Blut.

Anfang und Ende

Zünde mir eine Zigarette an – **Anfang**:

der Rauch treibt Tränen in meine Augen

ich weine - weine weil,

es in allen Dingen tatsächlich auch ein Ende gibt

freude,

trauer,

sehnsucht,

kindheit,

liebe,

leben.

drücke meine Zigarette aus - **Ende.**

Die Frau und ich

Sie erzählte und begann zu weinen.
Ich weinte und begann zu erzählen.
Wir konnten uns keinen Trost geben.
So gingen wir fort.

Diagnose: Erstickt

in der Wüste der Stadt
an der Kaltblütigkeit
durch die vergifteten Worte
aufgrund der Heucheleien
von den falschen Liebkosungen
wegen der Menschen , **die er liebte**.

Türe

Sie schloss die Türe weil sie fertig war mit der
Vergangenheit.
Sie öffnete - aus Angst etwas zu verpassen – ganz schnell
die Türe zur Zukunft
Und gelangte in ETWAS wo sie nicht sein wollte So sitzt sie
heute noch und begreift nicht, weshalb sie einsam ist.

ICH

Ich seh` den Wolken nach
Ich schau, dem Regen zu
Ich liege abends lange wach
und spüre
das wichtigste in meinem Leben
bin ich.

Es gibt so viele Wege sich zu begegnen

Und nur Einen, der

Weiter

führt.

ENT-SCHEIDUNG.

The road travelled

(for William)

Time

doesn't help, but heals

doesn't sell, but steals

works - for everyone - doesn't it?

What kind of life can this be

without feeling

Tell me, what kind of life can this be

always longing

What kind of life can this be

Without you

What is this?

Is it real what I see?
True what I feel?
I'm trying to break free
You told me, you'd be true
and went out to meet her too.
Do I know what I show?
Is it the right way, I go?
I'm just trying to be me.
Everything seems to be the same,
everyone just playing a game.
Will time bring us together or apart?
Do we have enough courage to show our heart?
Guess, I have to learn again
how to be smart.

CHANGE

I sit here
watching myself change.
Desires, needs, letting go of things, I can't hold.
I sit here - doubting my ability.
sensing trouble to come,
hope times won't be too cold.

We

want to change things without reason
do not take other people for what they are
miss good things when they are gone
distrust words coming from our heart. - **We**

Me

Do I see what I see?
Do I feel what I feel?
I'm trying to set free.
Do I know what I show?
Is it the right way that I go?
I'm trying to be me.

There

Whatever I was searching for

I found it

It was always

there, where

my souls lies, the eagle flies

there, within me.

Thought I've lost my dreams

thought I'll never find peace

was sure I couldn't live alone

believed I would never be that strong I was wrong.

Whatever I was searching for

I found it

It was always

there, where

my souls lies, the eagle flies

there, within me.

It is

Time passes by
what's past tomorrow
is present today.
What I feel, my sorrow is for
what I laughed about yesterday
Knowing that you're gone
brings tears to my eyes
it takes a long time
'til you respect yourself
'til you can let go.

TIME

Time does work
Doesn't help, but heals
Doesn't sell, but steals
It's supposed to be there for everyone - right?

The blow

I lite my cigarette think about how everything begun.
Remember all the tears and fears
all the laugh we had and fun.
Go back in time and space
walk again the path of faith.
But someone speaks to me.
Keep on smiling woman!
Keep on going 'til you find someone new!
Keep on walking woman!
Keep on fighting!
Stop feeling so blue!
As my cigarette smoulders off into its last dying breath
I remember the end
didn't wanna let you go, didn't want to go away
feel the feelings
you didn't show
hear the words
you didn't want to say.
But someone speaks to me
Keep on smiling woman!
Keep on going 'til you find someone new!
Keep on walking woman!
Keep on fighting!
Stop feeling so blue!
So, I go ON.

Pretending

Pretending to believe
Pretending to live
Pretending to hold on
Pretending to understand
and realize that you are
Pretending to be free.

You were here and
gone - again
I felt loved by you
and was
'lone - again
A circle I can't describe,
Can I escape?

With me

Are you with me - are you there?

with me ?

where

I dream to be - can you see?

No heart is destined to walk on its own

No soul is meant to be alone.

I'm not afraid to let myself go to let loose –

if I go ahead and show

what's there within my heart

what's there within me.

You think the rhythm is gone -

 again I got acquainted to marty times -

 and then still

I think I'll find the one,

the one I'm looking for and a home,

a living and a shore….

So are you with me – are you there?

With me?

Dankbarkeit

Für den Einen bedeutet sie, die Wunder und Chancen des Lebens zu sehen und zu nutzen.

Für den Anderen bedeutet sie, wieder mal ein Arschloch mit Helfersyndrom gefunden zu haben, das man ausnutzen kann.

Allein wurde ich geboren

Allein bin ich einen weiten Weg gegangen

Zusammen mit Dir bin ich nie gekommen

Zusammen war nie für mich bestimmt

Vereint habe ich mit anderen gearbeitet

Vereint mit dir habe ich mich nie

Gemeinsam haben wir zwei gekämpft

Gemeinsam für unseren Lebenssinn

Schluss ist es nun, mit unserer Sache

Schluss mit Familie

Liebe war für Dich nie eine Sache

Liebe war nur Deine eigene Sucht nach Anerkennung

SOS

Stehe eingeschneit am Rand des Wahnsinns

Keiner getraut sich hier heran

Keiner erklärt mir das Wahre Wort des Sinns

Weshalb ich hier bin und seit wann

Sitze eingekerkert hier im Raum

Es fühlt sich Scheiße an

Keiner kommt und sagt mir warum

Ich bin hier und weiß nicht bis wann

Liege hier auf meinem Totenbett und denke

Zu vieles blieb ungesagt, zu vieles ungetan und bete

Dass irgendjemand das noch liest,

bevor die Tür sich hinter mir schließt

Erleichterung macht sich breit,

denn meine Erleuchtung ist nicht mehr weit.

Ich sehe, fühle und handle noch im Maße

Was ich tun kann,

DANN - Ist es so weit.

Ich geh

Und steh

Vor der nächsten Tür.

Weit und weg

Zurückgekehrt nach langer Zeit
Weit weg von zuhaus,
Weit weg von Euch.

Geseh`n so vieles und so weit,
ich lernte fast nur Gutes.
Weit weg von Euch

Nach vielen Jahren zurück - bei Euch

Doch nur

Sie sagte:

„Du hast doch nur ein Problem"

Ich blickte sie an und dachte

„Hast du eine Ahnung!"

Sie sagte:

„Du bist doch nur allein"

Ich zog die Augenbrauen hoch und dachte

„Hast du eine Ahnung!"

Sie sagte:

„Deshalb solltest Du für andere vor allem aber für mich da sein – das gehört sich so"

Ich schüttelte den Kopf und dachte

„Du hast keine Ahnung!"

Nicht nur Schwarz und weiß

WEIß - die Farbe des Ku-Klux-Klans

SCHWARZ – die Farbe der Politik

WEIß – die Farbe islamistischer Terroristen

SCHWARZ – die Farbe der Mode

WEIß – die Farbe der Trauer in China

SCHWARZ – die Farbe der Trauer in westlichen Ländern

Ich bevorzuge Gelb – die Farbe der Hoffnung

Zuhause

Ist da wo ich bin

Ist dort wo ich hingehe

Ist

Meine Seele

Es ist nicht die Leichtigkeit des Seins,

was bleibt

Es ist die Melancholie,

die bei zu vielen Menschen haftet,

wie ein Makel.

Es ist nicht die Liebe,

was im Gedächtnis haftet

Es ist der Streit,

an den sich zu viele Menschen erinnern,

wie an ein schlechtes Essen.

Es ist nicht die Freude über ein Wunder, was besteht

Es ist der Sieg über andere Menschen,

der uns beflügelt,

wie ein Rauschgift.

Doch könnten wir noch mal Kind sein,

würden wir lachen um des Lachens willen

würden wir gutes Tun um der Guten Tat

würden wir Siegen um der Freude wegen.

Für Stefanie und Stefan

Es ist
die Art,
wie er Dich ansieht
wie er Dir antwortet
wie er Dich schätzt
wie er Dich mit Respekt behandelt.
Es ist
wie Du zurückblickst
wie Du ihn anlächelst
wie Du ihm Recht gibst
wie Du ihm Raum lässt.
Es ist wunderschön, zwei Menschen zu sehen,
die sich lieben.